ORAISON FUNÈBRE

DE TRÈS-HAUT,

TRÈS-PUISSANT ET TRÈS-EXCELLENT PRINCE

LOUIS XVIII,

ROI DE FRANCE ET DE NAVARRE;

PAR M^r. U.-F. NAUDIN,

AUMÔNIER DES PRISONS D'ANGERS.

ANGERS,

L. PAVIE, IMPRIMEUR DU ROI, DE M. LE PRÉFET

ET DE Mgr L'ÉVÊQUE.

M. DCCC. XXIV.

Se vend 5o centimes, au profit des Prisonniers.

A Monsieur

Martin de Puiseux,

Préfet de Maine et Loire.

Monsieur,

J'AI lu dans votre cœur et j'ai trouvé dans le mien tout ce que j'ai dit de bien dans l'Eloge funèbre de LOUIS le Désiré. J'ai commencé mon travail sous vos auspices ; je l'ai continué, soutenu par vos encouragemens : permettez-moi de vous en faire l'hommage ; c'est un devoir que la justice et la reconnaissance m'ordonnent de remplir.

Lorsque vous parûtes pour la première fois au milieu de nous, vous nous découvrîtes votre belle âme toute entière. Qu'il nous soit permis de répéter après vous cette noble et ingénieuse expression que vous nous avez apprise : « DIEU avant tout; et après DIEU, le ROI par-dessus tout.»

A ces mots les révolutionnaires et les impies ne répondirent que par des blasphêmes contre Dieu, et des injures contre vous. Mais, sous un Roi juste et pieux, leur colère sera toujours impuissante. D'ailleurs, les louanges des impies vous aviliraient; leurs injures ne peuvent que vous honorer.

Les prétendus modérés, incapables de juger et d'apprécier les productions de l'esprit et du cœur, ont crié à l'exagération ;

comme si l'on pouvait aimer trop Dieu, son
créateur; comme si l'on pouvait aimer trop
le Roi, qui est son représentant sur la terre.

J'ai l'honneur d'être, avec le plus profond
respect,

MONSIEUR,

Votre très-humble et très-
obéissant serviteur;

NAUDIN.

Angers, le 14 octobre 1824.

ORAISON FUNÈBRE

DE TRÈS-HAUT,

TRÈS-PUISSANT ET TRÈS-EXCELLENT PRINCE

LOUIS XVIII,

ROI DE FRANCE ET DE NAVARRE.

Reges gentium dominantur eorum.... et benefici vocantur; vos autem non sic.

Les Rois des nations dominent avec empire... et on les appèle bienfaisans ; vous n'agirez pas ainsi.

S. Luc, ch. 22.

Les Rois des nations, quand ils sont conduits par une politique humaine, ne cherchent qu'à se faire craindre ; sous leur empire juste et sévère, l'homme de bien vit en paix, et les factieux sont arrêtés par la crainte de la justice et des lois : il n'en est pas ainsi de la politique sacrée de l'Evangile, dans laquelle sont élevés nos Monarques très-chrétiens. Sans négliger les leçons de la sagesse humaine et de l'expérience, nos Rois, depuis S. Louis, ont toujours préféré de régner sur nos cœurs par les liens de l'amour et de la reconnaissance, plutôt que sur nos esprits et nos volontés, par la crainte des châtimens.

Louis le Désiré, que la Providence a rendu à nos vœux et à nos besoins, a rempli fidèlement, pour le bonheur de la France, le plus pénible et le plus glorieux de tous les devoirs.

Il a réparé tous les maux du passé.

Il a préparé tous les biens de l'avenir.

Voilà, Messieurs, tout le plan de l'Eloge funèbre que je veux consacrer en ce jour à la glorieuse mémoire de TRÈS-HAUT, TRÈS-PUISSANT ET TRÈS-EXCELLENT PRINCE LOUIS LE DÉSIRÉ, Roi de France et de Navarre.

Ier POINT.

Lorsque l'homme sage et religieux jette un coup d'œil attentif et réfléchi sur l'abîme des révolutions, son âme se trouve frappée, comme malgré elle, d'un sentiment vif et profond d'horreur et d'indignation, à la vue des désordres que le mépris des lois ne manque jamais d'exciter après le renversement du pouvoir légitime. Alors la justice et la raison se déconcertent et reculent saisies de honte et d'effroi; la piété elle-même, fille du Ciel et toujours aussi indulgente que le Dieu qui l'inspire, ne peut retenir sa haine et son courroux; elle voudrait voir le Seigneur se venger promptement et sans pitié de tous les ingrats, de tous les monstres qui blasphêment son saint nom et qui l'outragent: mais le Père céleste, toujours lent à punir, suspend le cours de ses justices éternelles, pour donner aux coupables égarés le temps de se reconnaître et d'expier leurs fautes, par un retour sincère aux principes de l'ordre, de la justice et de la vérité.

La France livrée à l'anarchie la plus féroce et la plus insensée, fut bientôt obligée de courber sa tête orgueilleuse et rebelle, sous le fer d'un tyran mille fois plus cruel et plus aveugle dans sa fureur que l'anarchie même. En peu d'années toute la jeunesse guerrière de la France périt presque entièrement, victime de l'ambition la plus folle et la plus démesurée.

Enfin le soleil de la justice éternelle fit briller à nos yeux l'aurore du plus beau de tous les jours. Le tyran qui avait fait trembler tous les Rois de la terre, fut à la fin vaincu et terrassé par eux.

Quoique confiné par la justice des Souverains, dans une île où il aurait pu vivre et mourir en paix, le démon de la guerre qui l'agitait sans cesse, lui fit bientôt arborer l'étendard de la révolte; les guerriers qu'il avait si souvent conduits à la victoire, séduits par ses promesses trompeuses, ne s'enrôlèrent sous ses drapeaux, que pour le voir bientôt vaincu et prisonnier dans une île plus déserte et plus éloignée. Abandonné de Dieu et des hommes, il n'y trouva pas même, à la mort, un grenadier français pour tirer sur sa tombe..... Ainsi périt l'Attila du dix-neuvième siècle !

Les Souverains légitimes, instruits par les malheurs qu'ils avaient éprouvés, voulurent se réunir pour replacer sur leurs Trônes les Princes que l'injustice des révolutions en avait renversés. LOUIS XVIII, héritier de 68 Rois qui avaient depuis quatorze siècles régné avec tant de gloire sur la France, ressaisit le Sceptre de ses Pères. Alors il se dévoua tout entier à la félicité publique.

C'est dans cette vue qu'il nous donna cette Charte mémorable, qui devoit faire cesser tous les maux enfantés par la révolution, en réunissant dans un même centre tous les esprits et tous les cœurs. Ce centre heureux, c'était l'amour du bien public ; tous les intérêts particuliers devaient naturellement se perdre et se confondre dans l'intérêt général. Le bonheur des particuliers pouvait-il avoir un fondement plus solide que le bonheur de tous ?

La Charte, cet acte émané de la puissance de celui qui méritait à tant de titres d'être le Roi de la France et le Père de la patrie, puisqu'il en était le protecteur et le Souverain légitime, par le droit de sa naissance ; cette concession si généreuse de la part du meilleur et du plus sage des Rois, était sans doute le moyen que la Providence nous avait ménagé, pour combler l'abîme de tous les maux que la révolution française avait creusé sous nos pas.

Je me représente ici LOUIS le Désiré, jetant un coup d'œil sur le passé et pesant dans la balance de son cœur et de sa conscience tous les crimes et tous les malheurs de la révolution française. Il avait vu LOUIS XVI, son frère aîné, le plus sage et le plus vertueux de nos Rois depuis S. LOUIS, victime d'un amour trop tendre et trop confiant dans une nation séduite et corrompue par une philosophie anti-chrétienne, ennemie jurée de Dieu et des Rois. Le coup qui trancha la tête de LOUIS XVI, perça d'outre en outre le cœur fraternel et bienaimant de LOUIS XVIII, qui devait lui succéder.

On le vit arriver en France, ce Prince si long-temps exilé d'une patrie qu'il avait tant aimée, et qu'il aimait encore plus tendrement que jamais. Il n'était pas comme le tyran qui avait opprimé la France si long-temps malheureuse, précédé par le fer de la mort et par les foudres exterminateurs de la guerre ; c'était un ange de paix que le Ciel nous envoyait dans sa personne.

Dieu seul est grand, Dieu seul sait pardonner en Dieu ; le Roi de France, qui est son premier représentant sur la terre, est le seul qui saura pardonner en Roi très-chrétien ; c'est-à-dire, sans délai et sans restriction. LOUIS le Désiré, en rentrant en France, avait dans une main le testament de son frère, qui mourut en pardonnant sa mort à ses bourreaux ; le bon frère ne venait pas parmi nous pour punir et pour venger la mort du frère, mais pour pardonner comme lui et avec lui à tous ceux qui s'étaient faits ses ennemis : de l'autre main, ce Prince nous présentait la Charte, ce monument précieux de l'esprit le plus sage et le plus éclairé, du cœur le plus généreux et le plus magnanime qui fut jamais.

Voyons comment cette Charte auguste, semblable à une clef mystérieuse, a fermé l'ouverture du puits de l'abîme qui avait vomi tant de maux sur nous. A cette époque on ne voyait en France que des victimes et des bourreaux ; celles-ci, aigries par le malheur, ne demandaient que justice et punition ; ceux-là, au contraire, poursuivis par les remords d'une conscience criminelle, n'osaient ni demander ni espérer un pardon qui leur était si nécessaire.

Que fait Louis XVIII ? Semblable au père de l'enfant prodigue, il regarde tous les Français comme ses enfans. Il dit aux bons : je suis votre Roi, je veux être votre modèle ; faites comme moi, pardonnez à vos frères égarés comme je leur pardonne ; oubliez tout, comme j'ai tout oublié ; Français, vous êtes tous mes enfans, aimez-vous comme je vous aime. Adressant ensuite la parole aux méchans révoltés, 1 leur dit : déposez vos armes meurtrières, remettez pour toujours l'épée dans le fourreau ; il ne convient pas que le sang des Français soit versé par des Français.

Ainsi, le bon peuple de France qui reconnaît avec son Roi la Religion catholique, apostolique et romaine comme la Religion de l'Etat, est donc assuré de trouver dans cette Religion sainte, le gage du bonheur de la vie présente et celui de la vie future. Fut-il jamais fondement plus solide et plus vrai de la gloire et du bonheur de toutes les générations ? La Charte est donc une loi religieuse et royale, qui a calmé, guéri tous les maux du passé, parce qu'elle a comblé tous les vœux et toutes les espérances.

La Religion de l'Etat en réunissant tous les hommes dans un même centre d'unité et de vérité, prépare le triomphe d'une même foi et d'une même charité, qui fera de tous les peuples de la terre, un peuple de frères. L'unité est la source de tout bien, de toute justice, de toute vérité. Oui, si j'en juge d'après mon cœur, nous verrons bientôt finir le règne de l'erreur et du mensonge, qui cédera sa place à l'unité du bonheur et de la vérité, qu'on ne peut trouver que par Jésus-Christ, en Jésus-Christ et avec Jésus-Christ, dans son Eglise catholique, apostolique et romaine.

La chambre des Pairs et celle des Députés, qui forment avec le Roi la puissance législative, ne peuvent plus renfermer dans leur sein que des hommes dignes d'y entrer. Le Roi trouvera toujours dans l'ancienne et dans la nouvelle noblesse, des hommes distingués qui mériteront de siéger dans la chambre des Pairs. Les Députés des départemens ne vendront jamais leurs suffrages, puisqu'ils sont déjà riches et puissans, et qu'ils sont tous guidés par l'honneur et la conscience, qui seuls leur mériteront l'estime et les suffrages des Electeurs.

Par leur fortune, les Députés sont essentielle-
ment libres et indépendans; ils ne peuvent dé-
pendre que d'eux-mêmes, de leur dignité, de leur
conscience, de leur probité personnelle, la base
la plus solide et la plus vraie de toute société
humaine. La probité ne peut venir que de la justice et de la Religion; de la justice qui rend à
l'homme ce qui appartient à l'homme; de la Religion qui rend à Dieu ce qui appartient à Dieu.
Sans la probité, il n'y a point de paix et de
bonheur sur la terre; sans la justice et la Religion, il n'y a point de probité véritable. Dieu et
le Roi, voilà toute la Charte : elle nous a délivrés
de tous les maux du passé, vous venez de le voir;
je dis en second lieu qu'elle nous prépare dans
l'avenir les plus grands biens, ce sera le sujet
d'une dernière réflexion.

II.ᵉ POINT.

Selon la belle expression du plus sage des Rois:
il n'y a rien de nouveau sous le soleil; ce qui sera,
c'est ce qui a été. Si nous voulons connaître d'a-
vance ce qui arrivera dans la suite des temps,
examinons ce qui s'est passé dans les temps anté-
rieurs aux nôtres. Afin de ne pas nous tromper
dans nos jugemens, consultons le livre de notre
Histoire. Là, comme dans un miroir fidèle, la
science du passé nous dévoilera tous les secrets
de l'avenir.

Je remarque dans notre Histoire trois règnes

principaux où le Seigneur nous a donné des Rois législateurs. CHARLEMAGNE, dans la seconde race; S. LOUIS, au temps des croisades; et LOUIS le Désiré, après la révolution française. Comparons ces trois époques, et nous verrons ce que nous avons à craindre ou à espérer.

CHARLEMAGNE. Jamais Prince ne mérita mieux le nom de Grand, que CHARLEMAGNE; soit qu'on le considère dans toutes les guerres qu'il eut à soutenir, et dans lesquelles il fut toujours victorieux; soit qu'on l'envisage dans le rétablissement des sciences et des lettres, qu'il opéra si merveilleusement dans un siècle encore barbare et tout guerrier; soit enfin qu'on le contemple dans la promulgation de toutes ses lois civiles, politiques et religieuses.

1.º Dans la guerre. Grand dans la guerre, toutes celles qu'il entreprit furent toujours louables dans le motif qu'il se proposa, sages et merveilleuses dans leur exécution, utiles et salutaires dans leurs résultats. Plus prompt que la foudre dans ses plans de campagne, son premier coup d'œil était vif et infaillible, comme celui de César. Infatigable dans ses courses militaires, rien ne l'arrêtait, ni les plus hautes montagnes, ni les armées les plus nombreuses et les mieux disciplinées; tous les obstacles disparaissaient devant lui. A son aspect et à sa voix, tous les Francs amis des combats, venaient se ranger sous ses drapeaux. Sa présence seule suffisait pour créer à l'instant des armées invincibles.

2.º
Rétablissement des sciences et des lettres. Grand dans le rétablissement des sciences et des lettres, il attira les savans de son siècle, plus par l'estime qu'il leur accordait, que par les dons qu'il leur faisait. Les dons, même ceux qui viennent de la main qui porte le sceptre, ont toujours aux yeux de l'homme de lettres, quelque chose qui lui répugne et qui l'avilit. L'estime d'un grand Monarque est la seule récompense qui soit digne d'un grand homme, d'un génie distingué.

3.º
Ses lois. Grand dans le Code de ses lois civiles, politiques et religieuses, il commença par la réforme du clergé, qu'il renouvela en faisant revivre toutes les lois de l'Eglise. Sous son empire les grands recevaient l'honneur qui était dû à leur zèle et à leur fidélité. Ses lois sur le commerce et l'agriculture, devaient produire l'abondance et la félicité publique.

Plus politique et plus religieux que son aïeul, CHARLEMAGNE ne dépouilla point l'Eglise qui était sa mère et la protectrice de tous les peuples chrétiens, pour enrichir ses compagnons d'armes aux dépens de la veuve et de l'orphelin. Son amour du bien public et sa fermeté inébranlable dans le maintien de la justice, faisaient bénir son nom par tous les peuples soumis à son empire, et par les étrangers.

Ami de Dieu, il ne fit la guerre que pour établir le règne de sa loi sur les vaincus. -- Ami des hommes, il abolit chez les Saxons les sacrifices humains. -- Après les guerres les plus désastreuses, il ne restait plus à ceux-ci que deux chefs célèbres par leur courage et leurs talens militaires; CHAR-LEMAGNE qui n'avait pu les abattre par ses victoires, finit par les gagner, en usant à leur égard des procédés les plus généreux.

S. Louis.

S. LOUIS, aussi intrépide dans les combats que CHARLEMAGNE, parut aux yeux des peuples le plus pieux et le plus bienfaisant des Monarques. C'est le propre de la piété chrétienne, de perfectionner le cœur des Rois. L'amour de Dieu produit infailliblement l'amour des hommes, et l'amour des hommes rend toujours les Souverains bienfaisans et miséricordieux; le bonheur des peuples ne peut venir que de la piété des Souverains.

Aussi, c'est du Trône de S. LOUIS que sont venues toutes les franchises des communes de France et la liberté du peuple, autrefois le plus sensible et le plus reconnaissant.

La Providence qui voulut faire de S. LOUIS un Monarque parfait, lui donna la plus aimable et la plus vertueuse des mères; formé par ses leçons et par ses exemples à la pratique de toutes les vertus chrétiennes, il aima Dieu avant tout, et après Dieu ses sujets, par dessus tout. Cet amour du Roi pour son peuple, le porta à donner à ce peuple chéri, des lois sages et bienfaisantes, qui servirent de fondement à ses libertés.

Deux choses assurent la paix et le bonheur des États, la puissance des Rois et la liberté des peuples. La liberté ne peut s'appuyer que sur le livre de la loi, qui lui sert de fondement. C'est aussi de là que lui vient et son nom et son origine. Ainsi, la liberté vient de la loi, et celle-ci du Souverain. Le Souverain vient de Dieu, dont il est le représentant sur la terre. C'est la Religion chrétienne qui a détruit l'esclavage. Les Capitulaires de CHARLEMAGNE et les établissemens de S. LOUIS, voilà les lois fondamentales de l'ancienne Monarchie française.

Louis XVIII. LOUIS le Désiré, après avoir établi dans la France le règne de la justice et de la paix, voulut procurer ce double avantage à l'Espagne. Il envoya à la tête d'une armée, le Fils de son cœur ; ce Héros traverse en vainqueur les Pyrénées ; il pénètre jusqu'aux colonnes d'Hercule, accompagné des vœux et des bénédictions d'un peuple aussi noble que généreux dans son attachement et sa fidélité à ses légitimes Souverains.

Déjà le Seigneur a récompensé dans une meilleure vie LOUIS le Désiré, pour tout le bien qu'il nous a procuré dans celle-ci. Il n'est plus.... Qu'ai-je dit ? il revit tout entier dans la personne de CHARLES X, qui n'avait avec lui qu'un cœur et qu'une volonté, pour le bonheur de la France. LOUIS le Désiré en a posé les fondemens, et CHARLES X les affermira en les perfectionnant.

Dernier fils d'un Dauphin, modèle accompli de sagesse et de piété, que la France ne méritait pas de voir assis sur le Trône de ses Rois; tout ce que nous avons perdu dans le Père, nous le retrouverons dans le plus jeune des Fils. Mûri par l'âge et perfectionné dans le malheur, tout son règne sera marqué par la justice et la bienfaisance, qui est la justice des Rois. Il est souverainement juste, surtout quand on est sur le Trône, de faire tout le bien dont on est capable.

Je vois autour de ce Trône paternel, l'ange de la France, l'orpheline du Temple, la mère de tous les malheureux, la fille du plus vertueux des Rois, de la plus aimable des Reines, tous deux martyrs de la foi et de la charité chrétiennes. J'aperçois d'un autre côté la plus inconsolable des veuves, la plus tendre et la plus heureuse des mères; à ses pieds un enfant de bénédiction, qui renferme dans son sein toutes les espérances de la postérité, et qui sera un jour toute la gloire et tout le bonheur des enfans de son siècle.

Loin donc d'envisager l'avenir avec crainte et affliction, je me livre avec confiance à toutes les espérances les plus flatteuses. J'ai pour garans de mon espoir, les vertus qui sont sur le Trône et celles qui l'environnent. C'est à la piété qu'il appartient de former de grands Rois, qui méritent de porter le beau nom de Pères et de Bienfaiteurs du peuple. Heureux sous le règne du meilleur des Rois, de CHARLES le Bienfaisant, les Français le seront encore sous celui du vainqueur de l'Espagne; ici le cœur des enfans ne diffère point en bonté de celui du père.

Vierge sainte, Reine du Ciel, vous serez toujours la mère et la protectrice des enfans de S. LOUIS. Veillez toujours, veillez sur ce dernier rejeton de nos Lys, que Dieu nous a donné; qu'il croisse tous les jours en sagesse, en âge et en grâce devant Dieu et devant les hommes. Que le Seigneur le protège jusqu'au dernier jour; qu'il confonde et terrasse tous les ennemis de la France; qu'ils disparaissent devant lui, comme la poussière, lorsqu'elle est chassée par un vent impétueux.

Grand Dieu! vous serez toujours le Dieu de la France et des Français; vous régnerez toujours sur nous pour votre gloire et notre salut. Les BOURBONS seront toujours nos Rois et nos modèles; et nous, toujours fidèles à Dieu, toujours fidèles au Roi, nous dirons aussi toujours, à la vie et à la mort : Vive DIEU! Vive le ROI!

FIN.